Software ERP

Análisis y Consultoría de Software Empresarial

2ª Edición

Roberto Núñez Burgos

Tabla de contenido

INTRODUCCIÓN

El mundo actual se encuentra bajo constante cambio, de grandes avances y descubrimientos, apalancado principalmente por la globalización y por las nuevas tecnologías, acarreando una fuerte competitividad, que ha forzado las personas y organizaciones a asumir nuevos caminos ante tales innovaciones.

Uno de los cambios más importantes y significativos para las organizaciones fue la transición de una economía industrial hacia una economía basada en la información. Finalmente, estamos en la "era de la información". Actualmente, la importancia que se le da a la información no sorprende a nadie. Se trata de uno de los recursos cuya gestión y aprovechamiento influencia más en el éxito de las organizaciones y sociedades.

Según Tom Wilson, la gestión de información es entendida como la gestión eficaz de todos los recursos de información relevantes para la organización, tanto a nivel de recursos generados internamente como los producidos externamente.
El elevado nivel de competitividad, ha llevado las empresas a incorporar las nuevas tecnologías en para ayudar a la gestión de sus negocios complejos.

A lo largo del tiempo se han creado diversos mecanismos con la intención de disponibilizar al gestor las herramientas adecuadas en la actividad de búsqueda y tratamiento de datos y el propio gestor ha buscado alternativas que optimicen el desempeño empresarial, con énfasis en la agilidad de selección y de disponibilización de las informaciones necesarias para la planificación estratégica. A pesar de la eficacia creciente de estas herramientas y de la cantidad de información disponible, el gestor se enfrenta muchas veces al sentimiento de no estar suficientemente informado, ya sea por no conseguir localizar lo que es importante o por el hecho de que la información localizada no corresponde a aquello que estaba buscando.

Dentro de este contexto, se destaca el papel de la tecnología, que ayuda en el almacenamiento, procesamiento y disponibilización de las informaciones de una manera más simple y directa, haciéndose un elemento de diferenciación.

El Enterprise Resource Planning (ERP) es un sistema de información que consiste en un software soportado por módulos que interactúan entre sí. Según Stair (2006) el ERP es un factor crucial para el acceso instantáneo a la información, ya que facilita el flujo de información dentro de la organización y con los proveedores, clientes y otros intervinientes de la cadena de abastecimiento. En esos módulos se incluyen funcionalidades de marketing y ventas, distribución, gestión de producción, control de inventario, gestión de la calidad, recursos humanos, gestión financiera, contabilidad y gestión de información, entre otros. Así que este tiene un papel fundamental en este contexto y son el eje central del presente trabajo.

A pesar de los beneficios provenientes de la gestión de la información a través de la utilización de sistemas ERP, su éxito depende bastante de la fase de implementación, ya que es la parte más crítica de todo el proceso. El éxito de la implementación de una solución ERP depende de la rapidez con la que se consigue recoger beneficios de la misma, es decir, reducir la reacción de los utilizadores y tener un ROI (return-on-investment) más rápidamente. Por lo tanto, la comunicación, la cooperación, la formación, el apoyo de los gestores y la complejidad tecnológica, son factores que están relacionados al proceso de implantación del ERP en la empresa. Es por ese motivo que analizaremos los puntos críticos de su implementación, así como discutir las ventajas y desventajas de ese sistema.

SISTEMAS DE INFORMACIÓN

DEFINICIÓN

Ward (1995) define el sistema de información como un sistema que conecta la entrada de datos, procesamiento, e información de salida de un modo coherente y estructurado. Esta definición engloba el concepto agregado de sistemas de información en sistemas formales, es decir, estructurados, aunque reconozca que hoy día la tecnología de la información también se utiliza para facilitar la ejecución de procesos de tratamiento de información informal, como el correo electrónico o el procesamiento de datos, entre otros.

Ward añade que todos los sistemas de información formales de una organización se pueden beneficiar de la tecnología de la información ya está disponible. Cualquier proceso en el que todos los datos sean recogidos, archivados, accedidos, analizados, sintetizados y formateados por una persona o por otro proceso utilizado, es un potencial blanco de la tecnología.

En el mismo contexto Ward entiende que es necesario definir la Tecnología de la información, de modo que se diferencie del concepto de sistemas de información.

Los Recursos TIC son los especialistas y las cualificaciones necesarias para utilizar la tecnología de la información de una manera eficaz y eficiente en las organizaciones.

Ward también clarifica que la distinción se debe establecer entre los datos y la información. A su entender "Datos" es la materia-prima (numero, palabras, imágenes) que se procesa en el sistema, el cual produce información. La información es aquello que las personas necesitan, para a través de su experiencia y cualificaciones (skills), generar el conocimiento.

De hecho, según Ward, puede ser un proceso basado en ordenadores para producir conocimiento, como se pretende en los sistemas de inteligencia artificial. Es decir la información producida en un proceso, puede c los datos, materia-prima, de otro proceso.

CONTEXTUALIZACIÓN HISTÓRICA

Antes de la popularización de los ordenadores, los sistemas de información en las organizaciones se basaban simplemente en técnicas de archivamiento y recuperación de informaciones de grandes archivos. Generalmente existía la figura del "archivador", que era la persona responsable de la organización, registro, catalogación y recuperación de los datos cuando era necesario.

Ese método, a pesar de simple, exigía un gran esfuerzo para mantener los datos actualizados así como para recuperarlos. Las informaciones en papeles tampoco posibilitaban la facilidad de cruzamiento y análisis de los datos. Por ejemplo, el inventario del stock de una empresa no era una tarea trivial en esa época, ya que la actualización de los datos no era una tarea práctica y casi siempre envolvía a muchas personas, aumentando la probabilidad de producir errores.

A partir de la década de 90, el escenario mundial y las organizaciones comenzaron a sufrir cambios cada vez más drásticos y rápidos. Cada vez más personas lidiaban con un volumen mayor de informaciones, provenientes tanto del entorno interno, como del externo.

De hecho, con la globalización, se viene reduciendo el proteccionismo en los mercados y se ha ampliado la competencia externa en las empresas, creando la necesidad de buscarse nuevos estándares de calidad, insistiendo en la reducción de costes y el margen de beneficios.

Según Chopra y Meindel (2003), hubo un cambio en la tecnología adoptada por las empresas, que pasaron de plataformas del tipo mainframe hacia las plataformas cliente/servidor. En esta categoría de tecnología, destacan dos líneas de producto:

(a) Aplicaciones basadas en el navegador: donde los usuarios sólo necesitan del acceso a Internet y de un navegador en su ordenador, por el cual accede al sistema. Cualquier información, o análisis queda disponible mediante el navegador. Esa tecnología no requiere muchos gastos con actualizaciones de software en el ordenador del usuario.

(b) Proveedores de Servicios de Aplicaciones "ASP (Aplication Services Providers)": son empresas que alojan programas desarrollados por otros y alquilan el uso del producto a las empresas.

El ASP es responsable de la ejecución de las aplicaciones que el cliente alquila, incluyendo sistemas ERP. Según Cardozo y Sousa (2001), los niveles básicos hasta entonces, estratégico, operacional entre otros, fueron revaluados y mostraron la necesidad de un nivel más elevado, en el cual se incluyera el "conocimiento".

Este cambio en la estructura organizacional de las empresas trajo consigo la necesidad de un nuevo tipo que consiguiera integrar todas las áreas funcionales de la empresa - producción, marketing, finanzas y recursos humanos - a modo de permitir facilitar la creación de conocimiento a partir de la información existente. Así fue el inicio del surgimiento de los sistemas ERP.

SISTEMAS ENTERPRISE RESOURCE PLANNING

ENCUADRAMIENTO TEÓRICO

Las siglas ERP traducida literalmente significa, "Planificación de los Recursos de la Empresa", lo que nos transmite la realidad de sus objetivos.

Típicamente, un sistema ERP es un sistema de información integrado en la forma de un paquete de software compuesto por varios módulos, tales como producción, ventas, finanzas y recursos humanos, que nos aporta una integración de datos horizontales a lo largo de la organización y a través de sus procesos de negocio. Esos paquetes pueden ser personalizados de forma que respondan a las necesidades específicas de la organización.

Otro concepto, presentado Cooper y Kaplan (1998) hacen referencia a que un ERP ofrece a la organización un sistema operacional, financiero y de gestión integrado, siendo una estructura accesible que permite repartir cuotas de información por toda la organización y a todo el mundo. También se puede definir un ERP como un sistema de software que permite a una organización automatizar e integrar la mayoría de sus procesos de negocio y datos comunes a través de toda la empresa y, por fin, producir y acceder la información en un entorno de tiempo real.

De este modo un sistema ERP propone esencialmente, eliminar la redundancia de operaciones y burocracia, al automatizar los procesos. Los módulos de un ERP permiten desarrollar y gestionar el negocio de forma integrada. Las informaciones son más consistentes, permitiendo una mejor toma de decisiones, en base a datos reales (Davenport, 1998). Para muchas empresas, estos beneficios se traducen en grandes beneficios de productividad y rapidez.

De una forma abrazada e integrada, estas actividades incluyen, por ejemplo, el desarrollo de producto; la compraventa de materia-prima y componentes; la interacción con proveedores y clientes, la gestión de stocks: la gestión de recursos humanos; la gestión de proyectos;

entre otros.

ENCUADRAMIENTO CONCEPTUAL

Los sistemas ERP surgieron con la promesa de solucionar problemas relacionados con la obtención de informaciones integradas, con calidad y confiables para apoyar la toma de decisiones. De este modo se desarrolló en un único sistema, aportando funcionalidades que soportan las actividades de los diversos procesos de negocio de las empresas.

Estos sistemas tienen sus raíces en los sistemas MRP - Materials Resource Planning (planificación de las necesidades de material) -, tratándose de un proceso evolutivo natural proveniente de la manera de cómo la empresa genera el respectivo negocio e interactúa en el mercado.

El principio básico del MRP es el principio del cálculo de la cantidad de requisitos de items en un momento dado en base a las necesidades de los productos finales, en las informaciones de las estructuras de producto y en los datos del stock.

De una forma más práctica los sistemas MRP permitían gestionar y planear inventarios, explorando en busca de los productos finales a través de la planificación de una producción específica, es decir, de una tabla ordenada de órdenes de pedidos y de producción, incluyendo las cantidades en stock. Al módulo básico del cálculo de necesidades materiales se le fueron agregados módulos con otras funciones de la cadena de suministros como la planificación de la capacidad de producción (RCCP- Rough cut capacity planning y CRP- Capacity resource planning), la planificación de ventas y operaciones (S&OP- Sales and Operations Planning), la programación de la producción (MPS- Master Production Schedule), el control de compras (PUR- Purchasing), entre otros factores.

El MRP pasó, entonces, a recibir una nueva designación: MRP II. Según Correa y Gianesi (1994), "El principio básico del MRP II es el principio del cálculo de necesidades, una técnica de gestión que permite el cálculo, viabilizado por el uso de ordenador, de las cantidades y de los recursos de manufactura que son necesarios, para que se cumplan los objetivos de entrega de los productos con la generación mínima de stocks".

Sintetizando, el MRP II se centra en el objetivo de ampliar la cobertura de los productos vendidos, los proveedores de sistemas de software desarrollaron más módulos, integrados en los módulos de producción, pero con un ámbito que sobrepasa los límites de la propia producción. Estos nuevos sistemas, capaces de soportar las necesidades de información para todo el emprendimiento de la organización, recibieron la denominación de Sistemas ERP.

Los módulos identificados en la Figura 1 forman parte, de la estructura típica de la mayoría de los sistemas ERP existentes en el mercado. Además de estos, algunos sistemas ERP tienen módulos adicionales, tales como: Gestión y Control de la Calidad; Gestión de Proyectos; Gestión del Mantenimiento; entre otros.

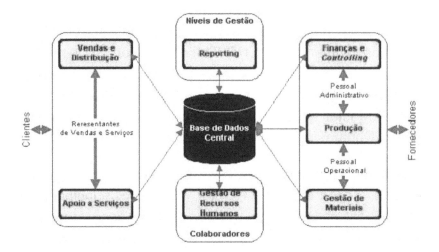

Figura 1: Estructura típica de funcionamiento de un sistema ERP Fuente: [Davenport 1998]

Un sistema ERP es la espina dorsal de la gestión de la información del negocio de la organización.

Kenneth Laudon y Jane Laudon (2001) definen la implementación cómo "todas las actividades organizacionales realizadas en la dirección sobre la adopción, gerencia y mecanización de una innovación". El ERP puede ser considerado como un sistema de información innovador que afecta a las dimensiones tecnológicas y organizacionales a lo largo del proceso de implementación.

De este modo este Sistema de Gestión Integrado permite una mayor fluidez de la información en toda la Organización, mejorando el conocimiento y la comprensión de las responsabilidades e inter-relaciones organizacionales. Una Organización que trabaje como uno todo integrado aumenta la eficiencia operacional y mejora su rendimiento general, disminuyendo los riesgos y haciendo claras las responsabilidades.

CICLO DE VIDA DE UN SISTEMA ERP

A continuación veremos la versión simplificada del modelo de ciclo de vida de Sistemas ERP proyectado por Esteves y Pastor (1999a y 1999b). Este modelo fue estructurado en fases y dimensiones. En este libro sólo veremos las fases definidas como diferentes estados del ciclo de vida de este sistema en la organización.

El ciclo de vida de un sistema ERP se divide en 6 fases, que son:

- Decisión y Adopción - Es la fase en la que los gestores se cuestionan la necesidad de un sistema ERP como solución tecnológica y de gestión y seleccionan el sistema de información que mejor responde a los desafíos críticos del negocio, teniendo como objetivo el perfeccionamiento de la estrategia organizacional. Esta fase incluye la definición de los requisitos del sistema, sus objetivos y beneficios, el análisis del impacto organizacional y del negocio provocado por la adopción del sistema ERP.

- Adquisición - Consiste en la selección del producto que mejor se adapta a los requisitos de la organización. Normalmente, también se selecciona una empresa consultora de software para ayudar en las fases siguientes del ciclo de vida del sistema ERP, especialmente, en la fase de implementación.

Factores como el precio, formación de personal y servicios de mantenimiento son los que deben ser analizados y definidos en el acuerdo contractual. En esta fase también es importante efectuar un análisis de return of investment (ROI) del producto seleccionado.

- Implementación - Es en esta etapa en la que se da la cuantificación de los costes, parametrización y adopción del paquete ERP adquirido. Normalmente, esa tarea se realiza con la ayuda de consultores que disponen de metodologías de implementación, Know-how y formación personal. Es considerada la etapa más crítica del proceso, donde puede ocurrir la mayor parte de los problemas como, el tiempo que un proyecto de esta naturaleza lleva para poder implementarse, el peligro del dominio del desarrollo del proyecto de implementación por una función dada y la formación de naturaleza transversal en las organizaciones y los costes y dificultades de la formación, entre otros aspectos.

- Uso y Mantenimiento - Corresponde al uso del producto de forma a obtener los beneficios esperados. Durante esa fase se debe tener en cuenta los aspectos relacionados con la funcionalidad, usabilidad y adecuación a los procesos organizacionales y de negocio. Después de implementado, el sistema debe permanecer en mantenimiento para la corrección de errores, atenciones de pedidos especiales del usuario, e inclusión de posibles mejorías.

- Evolución - Representa la integración de más capacidades al sistema ERP para disponer de nuevos beneficios, como: advanced planning and scheduling, supply-chain management, customer relationship management, workflow, y expandir las fronteras a la colaboración externa con otros partners.

- Abandono - Es el estado en el que, con el surgimiento de las nuevas tecnologías, el sistema ERP actual o la estrategia del negocio es inadecuado y debido a ello los gestores deciden sustituir el sistema existente por un producto más adecuado a las necesidades organizacionales del momento.

FACTORES IMPORTANTES PARA LA IMPLEMENTACIÓN

La implementación de un sistema ERP es un desafío tanto tecnológico como social y hace que se haga necesaria una visión diferenciada de las innovaciones tecnológicas, dependiendo de un balanceo bien definido de como la organización será considerada como un sistema total.

Cada proyecto de implementación de un ERP presenta características propias que son definidas por los procesos y estrategias de la organización donde será implementado.

A pesar de estas diferencias, las implementaciones presentan, por norma general, los mismos tipos de dificultades.

A partir de la experiencia de una gran consultoría en el área de TI, esta propuso en base a su experiencia práctica -

en el Know-how de los operarios de los varios equipos de profesionales de la empresa - una lista de 10 factores que pueden garantizar el éxito de la implementación de sistemas ERP:

- Obtener la participación activa de la alta gerencia (commitment);

- Implementar la gestión de cambios con el objetivo de reducir el "miedo" de los usuarios poco informados.

- Identificar a los usuarios-clave, que son indispensables en sus respectivos departamentos;

- Escoger a un Gestor del Proyecto que sea un profesional experto y respetado, a modo de caracterizar erróneamente el ERP como un sistema informático pero sí como un rediseño del modelo de gestión de la empresa;

- Planear y realizar formaciones:

- Definir claramente los diversos papeles en la implementación del sistema, a través de la unión de conocimientos y esfuerzos para el alcance del éxito;

- Adaptar el sistema a la empresa y viceversa, reflejando la realidad actual de la empresa o la utilización de las mejores prácticas (best-practices);

- Escoger la consultoría adecuada (Know-how);

- Garantizar la calidad (Quality Assurance)

- Simplificar en todos los sentidos

Algunos de estos factores coinciden con algunos autores como Nash et al. (2001) y Akkermans y van Helden (2002), sirviendo así como una referencia para aquellos que se preparan para implementar un sistema ERP.

MERCADO DE SISTEMAS ERP

El mercado de sistemas ERP fue uno de los que creció más rápidamente en la industria de software (Willis y Willis-Brown, 2002).

Estos sistemas son bastantes complejos y necesitan de una planificación cuidada para garantizar el éxito de su implementación (Gupta, 2000).

Un estudio de la AMR Research muestra que el mercado mundial de aplicaciones de ERP fue de 25,4 billones de dólares en 2005 alcanzando en 2006 los 29 billones de dólares y que la perspectiva para el 2015 alcanza el valor de 65,2 billones de dólares.

Las organizaciones modernas están preocupadas con lograr una integración efectiva de sus sistemas de información y con la actualización de su base tecnológica. Los sistemas ERP presentan beneficios en ese sentido.

Existen varios tipos de sistemas ERP. Algunas de las empresas proveedoras de sistemas ERP son:

- SAP - Fundada en 1972 en Alemania por cinco ingenieros de IBM. Su sistema fue optimizado para gestionar los procesos de producción y gestión, logística y recursos humanos. Es considerada la mayor empresa proveedora de ERP a nivel mundial, ya que han sido una de las pioneras en este mercado;

- PeopleSoft - Su imagen de marca son los módulos de gestión de recursos humanos. Actualmente está direccionando sus productos hacia el área de servicios, con productos de control de costes;

- Oracle - Produce y vende aplicaciones ERP desde 1987, siendo la mayoría de sus clientes empresas conectadas a la producción y consumo de datos, siendo así un adversario directo de SAP. Curiosamente alrededor del 80% de los casos, el software de SAP opera sobre una base de datos de Oracle;

- Microsoft - Empresa multinacional norte americana fundada en 1975, frecuentemente abreviada como MS. Microsoft Dynamics NAVes la línea de la Microsoft destinada a las empresas. Anteriormente conocido por su nombre de proyecto Green, sustituye a la familia de aplicaciones de Microsoft Business Solutions. Esta familia de productos incluye un variado software como Microsoft Dymamics AX [ex-Axapta], orientado a la gestión corporativa - ERP;

- Primavera BSS - Empresa portuguesa de software, fundada en 1993. Desarrolla y comercializa soluciones de gestión y plataformas para integración de procesos empresariales, disponiendo de soluciones para las Pequeñas, Medias, Grandes Organizaciones y Administración Pública;

- Bann - Empresa fundada en 1978 por Jan Baan en Barneveld, Países Bajos, para prestar servicios de consultoría administrativa y financiera. Con el desarrollo de su primer paquete de software, Jan Baan y su hermano Paul Baan, se introdujeron en la industria de ERP. Baan ganó popularidad al inicio de los años noventa. El software Baan y era famoso por sus Dynamic Enterprise Modeler (DEM), arquitectura y su lenguaje 4GL.

- J.D. Edwards - Empresa fundada en 1977 en Denver, Colorado por Jack Thompson. Tuvo éxito en la creación de un programa de contabilidad para pequeñas empresas, el Sistema/38. La compañía fue añadiendo funciones a su software de contabilidad, en 1996 desarrolló una aplicación ERP a la que llamó OneWorld. En junio de 2003, el consejo de administración de J.D. Edwards accedió a la oferta de adquisición de PeopleSoft, completándose la adquisición en Julio. OneWorld se añadió a la línea de productos de PeopleSoft.

En la Figura 2 encontramos los cinco principales proveedores de soluciones de sistemas empresariales: SAP, Oracle, PeopleSoft y J.D. Edwards y BAAN.

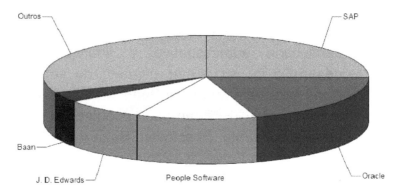

Figura 2: Principales Proveedores de Sistemas Empresariales Adaptado de: [Chorafas 2001]

Es importante destacar que cada empresa se especializó en un área determinada, es decir, la Baan en la producción, PeopleSoft en recursos humanos, SAP en logística y Oracle en el área financiera [Hossain et al. 2002]. El resultado es un mercado extremadamente competitivo, que presenta productos con características muy semejantes y difíciles de diferenciar. Esta competitividad alienta a las empresas proveedoras a actualizar continuamente sus productos y a añadir nuevas funcionalidades que puedan ser soportadas por la tecnología actual.

COSTES DEL ERP

Los elevados costes son el foco de las críticas a los sistemas ERP, además de las elevadas tasas de fracaso y complejidad de implementación. A causa de eso, se exige una gran inversión a nivel económico, humano y organizacional, durante todo el ciclo de vida del proyecto. Además de eso, el retorno de inversión no es visible a corto plazo. Por lo tanto, existe un riesgo y un coste considerable asociado al sistema, que no se resume solamente en la compraventa del hardware y software. El Retorno de la inversión - ROI (Return of Investment) es uno de los grandes engaños que la gerencia puede cometer, es decir, esperar que la empresa recupere el valor económico gastado con la implantación del sistema ERP, justo después de que la aplicación haya sido instalada y esté operativa.

Según Brien (2007), los costes se amplían en por lo menos cinco áreas diferentes: en la reingeniería, en la compraventa de hardware, en la compraventa de software, en la formación y el proceso de cambio organizacional y en la conversión de datos, como podemos evidenciar en la figura 3.

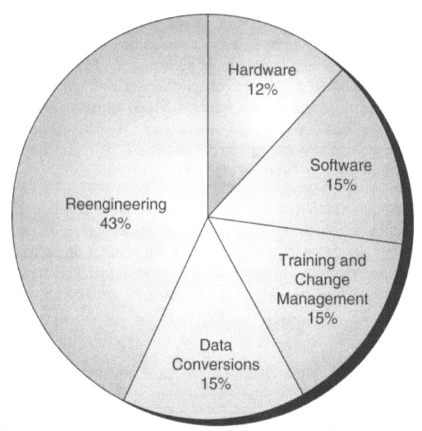

Figura 3: Costes de un sistema ERP. Fuente: O'Brien (2007)

Con la reingeniería organizacional, se desarrolla nuevos procesos empresariales, los cuales acarrean alrededor del 45% del coste total en la implementación del ERP en una empresa. Se trata de reinventar la empresa, transformar el negocio, definir nuevos objetivos y trazar nuevas estrategias para conseguir una ventaja competitiva sostenible. Por tanto, es necesario reestructurar administrativamente la empresa. Con el sistema ERP, la empresa se depara con la necesidad de analizar sus procesos de negocio y alinearlos al sistema en el que va a ser introducido.

Muchos recursos tendrán que ser reevaluados, principalmente los recursos humanos. Se sabe que el éxito de la implantación de un sistema ERP depende de las personas envueltas, que deben tener un conocimiento profundo del negocio de las tecnologías de la información. Como el software es demasiado complejo y los cambios en el negocio son drásticos, la empresa opta muchas veces por sustituir a buena parte de su cuadro de personal generando costes difícilmente medibles. La implementación de un sistema ERP en muchos casos significa la modificación radical de los procesos de negocio de las empresas, ya que realizan las modificaciones en los flujos organizacionales, culturales y en las estructuras organizacionales.

Los costes con hardware (12% del coste total), así como los costes con software (15%), son dados en el momento de la adquisición, lo cual implica modificaciones en la tecnología de la información existente. Esa modificación puede ser desde la modificación y/o actualización de la infraestructura hasta su sustitución integral.

Normalmente, después de la implementación del sistema ERP surgen ineficiencias en su operativa, lo que hace necesarias hacer ajustes de configuración. Aspectos como la capacidad de las redes de comunicación, servidores y las velocidades de procesamiento son importantes para la elección de esos elementos, así como la investigación de soluciones más avanzadas como la de Business Intelligence, data warehouses más robustos, pudiendo proporcionar inversiones que impulsen la competitividad de la empresa.

Alineando esos costes, tenemos que destacar los costes de averías. Se refieren a costes asociados a las paradas del sistema ERP. Estos normalmente son muy elevados y de gran riesgo, ya que las tareas no pueden ser satisfechas, los stocks necesitan ser actualizados y en ciertos casos eso puede causar total inoperatividad de la organización, produciendo pérdidas de pedidos y en la insatisfacción de los clientes.

Después de la selección del software ERP es necesario elaborar contratos de compraventas. Esos contratos son bastante heterogéneos. Existen contratos que se centran solamente en el número de licencias y número de usuarios, mientras otros incluyen factores como resultados de la organización y número de empleados. Normalmente, los fabricantes ofrecen reducciones de precio que dependen del número de módulos a adquirir o de aplicaciones extensibles, así como la compra de servicios de mantenimiento y actualización del software.

En el momento de la implementación se realizan los esfuerzos para la personalización del software ERP y para la adaptación a las necesidades organizacionales. Los datos que se introducirán en el nuevo sistema también constituyen un peso considerable en los costes del proyecto (15% del coste total). Esos esfuerzos también implican la inserción de datos adicionales para el funcionamiento adecuado del nuevo sistema, ya que la conversión de los datos de los sistemas existentes puede ser compleja y pueden llegar a ser inconsistentes, ya que no están adecuados a los nuevos formatos.

Los costes de formación y cambio organizacional también influencian en el cómputo total de los costes de un proyecto ERP (15% del coste total). Los costes de formación incluye la formación del equipo del proyecto y de los usuarios finales. Esos costes normalmente son elevados porque los usuarios necesitan aprender un conjunto de nuevos procesos, no solamente el uso de un nuevo programa. Para minimizar los costes de formación de muchos usuarios, actualmente existen herramientas de formación a través de la Internet, expresamente conocidos como e-learning, o con el uso de videoconferencias, lo que disminuye el número de formadores y alcanza un mayor ámbito de formación.

En contrapartida, existe un coste asociado a la utilización del personal en el proyecto, donde el equipo del proyecto y el staff tienen muchas veces que mantener su trabajo y hacer más tareas relacionadas al proyecto. Los costes asociados al esfuerzo que el staff necesita hacer para mantener ambas posiciones y la respectiva caída de eficacia no son medibles, normalmente. La opción de mantenerlos a jornada completa en el proyecto puede significar la contratación de nuevos recursos, o pérdida temporal de productividad.

Aún en el proceso de implementación, muchas organizaciones contratan consultores, ya que no tienen el conocimiento técnico para efectuar el proceso. Estos incorporan su conocimiento, su experiencia y las metodologías de implementación, así como la formación de usuarios. También ayudan en la reingeniería de procesos organizacionales y de negocio. Sin embargo es importante hacer una planificación bien estructurada del trabajo para el que van a ser contratados e identificar los objetivos de cada partner contratado, además de establecer medidas en el contrato de los consultores que obliguen el aporte de conocimiento a un número determinado de personas internas de la empresa, para que estos se hagan multiplicadores dentro del proyecto como un todo.

PUNTOS CRÍTICOS DEL ERP

En el momento de la adquisición y de la implementación del sistema ERP, es importante analizar algunos puntos y características importantes de los mismos, a continuación vamos a ver una lista:

- El grado de flexibilidad y adaptabilidad del producto al modelo de negocio de la empresa, ya que son paquetes comerciales desarrollados a partir de modelos estándar, a través del proceso de parametrización;

- La integración de la información de todas las áreas de la empresa, a través de los módulos del sistema, pudiendo la empresa obtener una mayor fiabilidad en los datos adquiridos a través del sistema; La posibilidad de personalización, es decir, la adaptación del sistema ERP a las necesidades específicas de la empresa, integrando programas existentes y rutinas al nuevo sistema;

- Los costes de hardware y otras infraestructuras computacionales, adquisición de las licencias de uso del ERP, de formación y consultoría para la implantación;

- Los proveedores de sistemas ERP liberan periódicamente versiones actualizadas (upgrades), orientadas en las mejorías y en las correcciones de problemas y errores del sistema. Este proceso de actualización debe ser flexible y permitir la adecuación de la nueva versión con posibles personalizaciones efectuadas en el producto;

- En la mayoría de las veces, ese sistema fuerza modificaciones en los procesos productivos y administrativos de las empresas, por medio de su adaptación al sistema. Comúnmente son modificaciones complejas y pueden causar, en el comienzo, una serie de inconvenientes, hasta que todos estén adaptados a la nueva realidad. También deben estar alineadas a las estrategias de la empresa y sus objetivos a largo plazo, mereciendo, por tanto, grandes cuidados en su implementación;

El ERP tiene un gran impacto sobre los recursos humanos de la empresa. El perfil de los profesionales muchas veces será modificado, ya que se exigirá multidisciplinaridad y conocimientos que no siempre tienen los operarios actuales de la empresa. La empresa deberá optar por reciclar sus profesionales, o a veces sustituirlos. Esta última alternativa se refuerza también por el hecho que a partir de la automatización y, más que eso, de la integración entre los procesos, muchas actividades que eran realizadas manualmente, o en el sistema anterior, ya no serán necesarias. Muchas veces, puede haber cierta resistencia interna a la adopción del ERP, debido a desconfianza debido a una posible pérdida de empleo, o de poder, ya que habrá un mayor reparto de la información.

VENTAJAS DE UN SISTEMA ERP

Una de las ventajas de la implementación de ese sistema es que las empresas pueden eliminar los sistemas separados y/o ineficientes, por un sistema integrado de aplicaciones. Muchos de aquellos están desactualizados con los procesos actuales de trabajo y no tienen ninguna asistencia técnica de sus desarrolladores originales. Por ello, es extremadamente difícil repararlos cuando dan problemas y es casi imposible adaptarlos a las nuevas necesidades de negocio que puedan ocurrir. Por lo tanto, esas trabas acaban por impedir a las empresas a mantenerse competitivas e innovadoras.

Un sistema ERP ayuda a asociar las capacidades de los sistemas de información de la empresa a la evolución de sus necesidades de mercado, además de que, genéricamente, se espera que un sistema único mejore la calidad, transparencia y rapidez de la información, eliminando duplicidades e inconsistencia de la información.

También hay una oportunidad para la simplificación y perfeccionamiento de los procesos de trabajo de las empresas que adoptan ese sistema, ya que la competitividad empresarial exige que esos procesos sean lo más eficaz posible y orientados al cliente. Los proveedores de ERP reúnen un vasto abanico de conocimientos considerables para definir los mejores procesos de negocios. Se utilizan a la demanda de las exigencias de sus clientes potenciales y de las informaciones de instituciones de investigación y consultoría para después ser introducidos en el desarrollo de los módulos individuales, de forma que garantizan que sus utilizadores están usando un sistema basado en las mejores prácticas y con un elevado número de alternativas de funcionamiento.

Al ofrecer una base de datos integrada, el sistema de ERP ayuda a la mejoría del acceso a los datos para la toma de decisiones operacionales. A través de un conjunto de datos que dan soporte a todas las funciones empresariales, es posible proporcionar un excelente soporte a la toma de decisiones, permitiendo que las empresas ofrezcan servicios más diversificados y específicos. La combinación de internet con intranets y extranets crea un entorno de comunicaciones electrónicas, permitiendo el fortalecimiento de las relaciones con las entidades externas, las cuales integran su cadena de valor, por medio de la gestión integrada de los procesos inter-organizacionales.

Más allá de eso, la implementación de un sistema ERP incentiva a las empresas a actualizar y simplificar la tecnología de la información que emplean. Al determinar el hardware, los sistemas operativos y las bases de datos que van a ser utilizados, estas pueden estandarizar su tecnología y proveedores, reduciendo los costes de mantenimiento y soporte, así como la cantidad de formaciones para aquellos que sostienen la infraestructura. También es posible encontrar en el mercado sistemas especializados para aplicaciones y segmentos de mercado específicos. Aún con los formatos más estandarizados, estos son altamente configurables y adaptables, ofreciendo incontables alternativas de funcionamiento.

DESVENTAJAS DE UN SISTEMA ERP

A pesar de todas las muchas ventajas estratégicas que el sistema ofrece, su implementación continúa siendo lenta, difícil y cara. No es un proceso simple, ni automático. Muchas empresas tardan años en concluir ese proceso y cuando sucede, los problemas, los gastos pueden aumentar potencialmente. A veces, el sistema no está bien configurado para adecuarse a los procesos empresariales internos o los datos no han sido formateados correctamente para el nuevo sistema y se producen fallos de comunicación. Eso implica costes de transacciones, cambios organizacionales fallidos, entre otras consecuencias inevitables.

En algunos casos, las empresas necesitan adaptarse a los procesos de trabajo a los cuales el ERP da soporte y efectúan cambios profundos en el modo de cómo trabajan, los cuales pueden ser drásticos. Hay un mayor riesgo de inflexibilidad y complejidad en el cambio. Por ejemplo, la utilización del sistema exige profesionales más cualificados, culminando en procedimientos de despido, desmotivación y aversión al cambio por parte de los empleados actuales. Implementar un sistema ERP requiere inmensas cantidades de recursos, a los mejores operarios que lidian con sistemas de información y mucho soporte administrativo.

También es conocido el riesgo en la elección de implementar un sistema único como el ERP. Primero porque la mayoría de las empresas normalmente utilizan otros sistemas que necesitan ser integrados al ERP y sin embargo, estos son incompatibles.

Segundo, la empresa incurre en un coste asociado al cambio del proveedor. Como este es responsable del mantenimiento y perfeccionamiento del sistema, crea una elevada dependencia del cliente ante el proveedor, la cual es importante evaluar no solamente la calidad del producto, sino la elección correcta del proveedor como un partner de negocio a largo plazo.

IMPACTO DE LOS SISTEMAS ERP EN LAS ORGANIZACIONES Y EN LA CONTABILIDAD

El impacto de esos sistemas de información ha sido blanco de incontables estudios, ya que desde los años 90, la innovación, la complejidad y la dimensión de los proyectos ERP atrajeron muchas atenciones. A través del concepto del sistema único de aplicaciones, hubo una integración de los diversos sistemas en una empresa, reduciendo considerable del tiempo de ejecución de los procesos. Además de eso, hubo una mayor transparencia y la fiabilidad de la información transportada por el sistema, así como posibilitó la reingeniería de la estructura y de la cultura organizacional, y un mejor soporte a la estrategia empresarial.

También es verdad que los cambios tecnológicos, políticos y económicos incentivaron a las empresas a reorganizarse, a modo de responder a las exigencias del mercado competitivo. La cuestión de la gestión de la información introducida en los sistemas de información se hizo una herramienta esencial para la obtención de ventajas competitivas empresariales.

A pesar del impacto negativo relacionados a la complejidad de implementación y a los elevados costes, que conducen a elevadas necesidades de inversión y en potenciales riesgos de suspensión de pagos, los sistemas ERP proporcionan a las organizaciones valiosos beneficios, ya que ayudan a mejorar la calidad y la eficiencia del servicio a los clientes, creando un entorno para integración y de mejoría de los procesos de negocio internos y de la relación inter-organizacional.

Estos proporcionaron el desarrollo de nuevas técnicas y sistemas de diversas áreas empresariales, expresamente en la Contabilidad y del Control de la Gestión.

Cooper y Kaplan (1998), por ejemplo, analizaron las ventajas que los ERPs pueden traer a la implementación de los sistemas ABC.

Las mejores prácticas introducidas en los sistemas llevan a las empresas a reciclar sus métodos de trabajo, introduciendo nuevas herramientas y técnicas operacionales. Con la automatización, es común que se reduzcan las necesidades de personal en las áreas de contabilidad, expresamente en las actividades de recogida y procesamiento de información, pero que a la vez van a crear nuevas oportunidades a los profesionales de esa área, principalmente en la manipulación de datos no financieros.

Cada vez más se exige al profesional la comprensión de los procesos de negocios de la organización, y consecuentemente, la obtención de nuevas cualificaciones técnicas y de conocimiento.

CONCLUSIÓN

Cada vez más las organizaciones buscan mejorías significativas en el rendimiento de su negocio, tales como la reducción de costes, mayor calidad, mejor servicio o más eficiencia. Para eso invierten en sistemas de información cada vez más eficientes adaptados a su realidad. Los sistemas ERP presentan beneficios en ese sentido.

Podemos concluir que el uso de la tecnología de la información como soporte para los procesos de negocio de las organizaciones creció drásticamente con el desarrollo de las tecnologías de comunicación. Se ha sugerido que las nuevas tecnologías como los ERP`s posibilitan presentar la información detallada de las operaciones empresariales mediante la tecnología informática y que como tal presentan una mejor forma de gestión. Un ERP ofrece a la organización un sistema operacional, financiero y de gestión integrada, siendo una estructura accesible que permite repartir cuotas de información por toda la organización y por todo el mundo. Así, la preocupación a las dificultades y limitaciones presentadas por este tipo de tecnología deben ser maximizadas en pro de una efectiva obtención de estos beneficios.

CARACTERIZACIÓN TEÓRICA DEL SISTEMA ERP

En este capítulo, veremos las referencias teóricas de base para el estudio de casos múltiples. De entrada, veremos conceptos básicos como Tecnología de la Información (TI), para que se tenga mejor entendimiento de las bases. Enseguida, los conceptos de ERP en la visión de los autores, así como los puntos importantes de la utilización de ese sistema en las organizaciones. El ERP es un sistema que tiene todas las funciones esperadas por una organización, en cuanto al nivel integral de las operaciones, y en el adecuado funcionamiento. Sin embargo, normalmente son utilizadas otras herramientas tecnológicas para mejorar la gestión de la organización, porque existen áreas específicas dentro de las organizaciones que cuentan con tecnologías que extrapolan las posibilidades del ERP.

A pesar de que los Sistemas ERP caractericen la evolución tecnológica dominante en las organizaciones, su funcionamiento está relacionado a los preceptos básicos, como la conversión de los datos en informaciones y la idea tradicional de los sistemas.

Aun siendo tecnológicamente superior, la gestión de la información continúa representando el elemento central, y su objetivo se mantiene centrado en la toma de decisiones. Albertão (2005) nos recuerda que son los datos que, tras ser procesados, dan origen a la información, precepto orientador de todos los sistemas de información decisorios. La calidad de los datos y la manera correcta de utilizar el sistema ERP son muy importantes para que se puedan obtener los resultados adecuados. El factor humano continúa siendo primordial, aún con el incremento de los sistemas. Aunque la información sea un activo intangible y complejo, y difícil de medir, su valor es reconocido por las organizaciones, y es la principal característica de la Era de la información y conocimiento en la que vivimos en la actualidad. La información es vista como el principal activo o diferencial competitivo de una organización.

La idea de un sistema ERP es que igual de extensiva para todas las aplicaciones de una organización. Además de la integración interna, la idea es que ese sistema sea interconectado con otros servicios necesarios y en muchas ocasiones, como en la frontera con los proveedores. Para Medeiros Jr. (2009), la ERP trata de unir aplicaciones, automatizar e integrar los procedimientos empresariales, contemplando las diversas áreas de una organización y teniendo como objetivo la obtención de informaciones en tiempo real de las operaciones. Como piensa Albertão (2005), la idea del ERP como software de integración procesal, multi-modular en la perspectiva técnica, contempla el objetivo de promover una visión amplia de la organización. Como caracterizan Zwicker y Souza (2006, p.64), los ERPs "son construidos como un único sistema de informaciones que atiende simultáneamente a los diversos departamentos de la empresa, en oposición a un conjunto de sistemas que atienden aisladamente cada uno de ellos". En vez de tener diversos sistemas para cada departamento, un único sistema hace la gestión de todas esas áreas, lo que favorece a la convergencia de datos y en la reducción de las redundancias y errores.

En términos de evitar inconsistencias (redundancia, errores y otros problemas), el ERP es importante en la cuestión de evitar la fragmentación de las informaciones, que es muy común cuando una organización cuenta con muchos sistemas no relacionados.

Para trabajar en plataforma única, o al menos integrada directamente con aplicaciones compatibles, el sistema ERP es capaz de evitar esos problemas con la ventaja de operar en un único software, que cuenta con una gama de funcionalidades que soportan las actividades de los diversos procesos de las empresas. El ERP adecuado es aquel que es capaz de proporcionar todas las necesidades de información de la empresa, atendiendo a los intereses de los diversos sectores, con una base de datos única en la cual no sucede el problema de la redundancia de contenidos.

Esos sistemas tanto pueden ser desarrollados por la organización, como ser adquiridos en paquetes. La visión de Ferreira y Silva (2004) es un poco diferente de la que vimos hace un momento, y se basa en que el ERP es un conjunto de aplicaciones agregadas que establecen las relaciones de información entre las diversas áreas de la empresa, destacando la calidad de las informaciones.

En esencia, los conceptos convergen en la integración entre las áreas y en la calidad de contenido.

La ERP se caracteriza por ser un conjunto de sistemas que tiene como objetivo agregar y establecer relaciones de información entre todas las áreas de una empresa. El objetivo son las mejorías en los procesos administrativos y de producción. El objetivo principal está en los datos confiables, monitorización en tiempo real y reducción/eliminación del retrabajo. En la perspectiva de Bittencourt, (2007, p.26), el ERP se constituye en la "herramienta estratégica que equipa a la empresa con las capacidades de integrar y sincronizar funciones aisladas, en procesos optimizados, para obtener ventajas competitivas en un turbulento entorno de negocios". El objetivo reside en el control y soporte de los procesos de la empresa a través de un sistema integrado y único. Se trata de la plataforma integrada de "sistemas genéricos capaces de integrar todas las informaciones que fluyen por la empresa por medio de una base de datos única". Como complementan Mendes y Escrivão Hijo (2007), los ERPs son sistemas que cuentan con una base de datos únicos y permiten la integración de los diferentes sectores de la organización. El objetivo es garantizar el flujo de informaciones entre las diferentes áreas, con miras a una mejor gestión de las informaciones y en la toma de decisiones.

Además de favorecer al control, flujo y uso de las informaciones, el ERP promueve mayor seguridad y rapidez en las tareas, nuevas posibilidades de procesos y estrategias, además de potencializar la gestión del conocimiento, que puede ayudar en la ganancia de ventaja competitiva. En la comprensión de Albertão (2005), en el aterrizaje de la gestión, el sistema ERP favorece en tres puntos, respectivamente en la identificación de los estándares de calidad, productividad y de participación en la organización. La herramienta favorece los procesos y la planificación en todos los niveles de la organización. Castro (2010) enfatiza la idea de "sistema integrado" en función de las informaciones que queden disponibles en el ERP para todos los participantes en la utilización de estas en el entorno de la organización para múltiples procesos.

Características Esperadas de un Sistema ERP

El punto de partida al uso del ERP en el entorno empresarial, como para cualquier otro aparato de TI, es la identificación de su necesidad. La claridad de los motivos para la utilización de un Sistema ERP es esencial para el alcance de los objetivos. En base a las prerrogativas de Haberkorn (1999), algunos de esos elementos esperados están descritos abajo, los cuáles deben ser analizados detalladamente por la organización que adopta un ERP.

Rutinas Genéricas: la capacidad de procesamiento del ERP debe ser identificada, como, por ejemplo, para casos de múltiples plantas y filiales. Los estándares deben ser determinados, lo que puede hacerse mediante una atribución compleja conforme a la organización de la empresa. Además de esos elementos, el acceso a las aplicaciones generales debe estar asegurado, así como la seguridad y las directrices de acceso conforme a las responsabilidades. Se debe alcanzar cierta facilidad de uso. Gráficos: son herramientas importantes en sistemas ERP. Esas representaciones gráficas deben proporcionar calidad al tomador de decisiones. Además de la facilidad de interpretación, es necesario que sea fácil la elaboración de esos instrumentos para los usuarios.

Financiero: las operaciones financieras elementales de la empresa deben ser gestionadas por el ERP. Lo ideal es que también sirva como soporte al flujo de caja y al control presupuestario, a través de simulaciones. Las operaciones contables, operaciones de diversas naturalezas además de las comparaciones entre periodos son beneficios que deben ser considerados.

Contabilidad: debe permitir la consolidación entre la matriz y las filiales. Debe contemplar una serie de operaciones tales como los cierres inmediatos, correcciones e integración. Debe permitir operaciones entre las diferentes monedas con ajustes automáticos, por ejemplo, en base a la cotización del día de referencia, además de proveer históricos completos. El control presupuestario puede ser realizado por periodos de 12 meses, en diferentes monedas, por grupos de cuentas o con otros parámetros. Las herramientas básicas son viables para el ERP, como el mantenimiento patrimonial, razón, diarios, balancetes, balances, demostraciones y otros.

Stock y Costes: proporcionan cálculos de costes online, cálculo de costes de almacenes (individuales o en grupos), stocks en consignación, de entre otros. Permite estadísticas de calidad, certificados de garantía, así como informes de órdenes de producción. Permite identificar las estadísticas de pérdidas, de piezas o de productos acabados, costes de materia-prima, que puede ser convertido en diferentes monedas. Evolución y variaciones del coste real, ociosidad de recursos productivos y de la variabilidad en el consumo de recursos industriales. De entre los cálculos hay que destacar, que permite calcular el lote económico, la presentación de la curva ABC, y los puntos de pedido. Coste de almacenaje y el plazo de validez son identificados.

Planificación y Control de la Producción (PCP): es viable dar de alta la estructura, para que los controles de componentes estén orientados por validez y stock. Proporciona un panel gráfico de control y permite órdenes de producción por diferentes criterios, además de relevar una serie de factores determinados o establecidos automáticamente.

Carga Máxima: permite la trazabilidad desde el inicio hasta el fin de los ciclos. El control puede seguir diferentes criterios, como tiempos diferenciados, desdoblamientos, disponibilidad de la herramienta, operaciones esporádicas y disponibilidad de materia-prima.

Compras: a partir del punto de pedido, el sistema hace la solicitud de compras. Puede emitir y controlar la cotización de compras, así como de manera automatizada seleccionar los proveedores conforme a los parámetros establecidos.

Además de los criterios expuestos arriba en base a la perspectiva de Haberkorn (1999), tenemos otros elementos del ERP también pueden ser determinados. Por ejemplo, cuestiones asociadas a los criterios: Facturación (histórico; reservas; cotizaciones); Fiscal (registros de entrada/salida e inventarios); Activo Fijo (evaluaciones/ reevaluaciones de bienes); Hoja de Pago y Recursos Humanos (control de la hoja de pagos, gestión de obligaciones laborales y formación); Punto Electrónico (registros y control); y, Tiendas y Comercio al por menor (productos/ventas).

Herramientas Tecnológicas Complementarias al ERP

Junto al sistema ERP, se suelen utilizar en paralelo otras herramientas de información por las organizaciones que tienen un uso intensión de información. El motivo de integrar las aplicaciones diferentes al ERP consiste en la posibilidad de ampliar los beneficios a la organización. Esas herramientas son variadas, y promueven beneficios puntuales. La primera de esas herramientas es el Customer Relationship Management (CRM), que busca mayor relación entre empresa y los clientes. El concepto propuesto por Brambilla, Sampaio y Perin (2008, p.109) dice que el CRM es "una estrategia de gestión que utiliza informaciones del mercado y de la empresa, y viabiliza la identificación y la atención de las necesidades de los clientes". En otras palabras, CRM es la aplicación, y la filosofía de relacionamiento, organización entre empresa y clientes, teniendo en vista el mantenimiento de los negocios a lo largo del tiempo.

Además de CRM, otra aplicación utilizada comúnmente por las organizaciones es el sistema de contacto telefónico con los clientes, o Call Center. Este, en muchos casos, está integrado al CRM, y puede ser anexionado también junto a la base de datos del ERP. Ese concepto, en la actualidad, extrapola el uso del teléfono, es decir, Call Center se refiere la "utilización de telecomunicaciones e informática" en la comunicación entre empresa y clientes.

También podemos contar con una serie de herramientas que son relevantes en la integración tecnológica, que vamos a ver brevemente presentadas conforme la comprensión de Albertão (2005) cómo, por ejemplo, los sistemas de Supply Chain Management (SCM), una evolución del ERP para una perspectiva además firme, es decir, para la integración entre la empresa y los proveedores, en toda la cadena de valor. Si tenemos las herramientas de Business Intelligence (BI), las cuáles fundamentalmente representan una interface para la toma rápida de decisiones por parte del gestor, la cual "integra en un sólo lugar todas las informaciones necesarias para proceso decisorio de los ejecutivos de las organizaciones". Las soluciones como los Data Warehouse, Data Mining y Workflow sirven respectivamente para agregar inteligencia de modo consolidado en depósito de datos, en la identificación y predicción de negocios basados en datos y se usan para la mejora en el flujo de procesos de la organización.

METODOLOGÍA DE LA INVESTIGACIÓN: ESTUDIO DE CASOS MÚLTIPLES

La investigación consiste en "una acción de conocimiento de la realidad, un proceso de investigación minucioso y sistemático para conocer la realidad, sea esta natural o social". Se trata del "procedimiento racional y sistemático que tiene como objetivo proporcionar respuestas a los problemas que son propuestos". En los términos presentados por los autores, el presente estudio consiste en la investigación acerca de una actividad social, que es la utilización del sistema de ERP en el entorno conocido como empresa u organización. El objetivo consiste en la identificación de diferentes usos, o perspectivas y parecidos acerca de lo que representa el sistema ERP en el contexto de diferentes negocios.

Por ser una investigación acerca de la recogida de percepciones en un contexto poco conocido, la opción fue llevar a cabo un Estudio de Caso del tipo Múltiple, o Multicasos, para buscar así las comparaciones sobre el uso del sistema ERP. La investigación es cualitativa, donde la idea principal es "captar la perspectiva de los entrevistados, sin partir de un modelo preestablecido". A pesar de que la teoría se utiliza como forma de identificar elementos a ser cuestionado, el estudio no contó con una definición previa de categorías analíticas. El estudio conducido consiste, como entiende Creswell (2007), en cualitativo-exploratorio. En base a los presupuestos de Yin (2005), el Estudio de Casos Múltiples fue desarrollado a través de la comparación sistemática entre la intervención desarrollada en cada una de las cinco empresas ficticias creadas por conveniencia, de diferentes sectores, para la atención de los objetivos establecidos. A continuación de la metodología, la descripción de los procedimientos de recolección de datos, y posteriormente, los procedimientos analíticos utilizados.

PROCEDIMIENTO DE RECOLECCIÓN DE LOS DATOS

Con miras a los objetivos establecidos, el formato inicial para la recolección de datos adoptado en el estado inicial es el de la entrevista, lo que se caracteriza como el acto de hacer preguntas. Las entrevistas se llevan a cabo en base a un guion semiestructurado, el cual es elaborado en base a la teoría. El objetivo de las entrevistas es "entender los significados que los entrevistados atribuyen a las cuestiones y las situaciones en contextos que no fueron estructurados anteriormente". Para Marconi y Lakatos (2002), la entrevista es una técnica tradicional en investigaciones de carácter social. Se entiende que aun siendo una tecnología, el ERP y su utilización está inmersa en la significación de los actores.

Las entrevistas se realizan en el primer semestre del año 2014. La caracterización de los entrevistados está delimitada al principio en la etapa analítica, al comienzo de las descripciones de cada organización. Todas las entrevistas tienen una duración de entre 30 minutos y 1 hora, son grabadas y posteriormente transcritas para su uso en la etapa de análisis de los resultados. El guion de entrevistas cuenta con un total de 15 cuestiones abiertas. Además de las entrevistas, la observación en las empresas y el análisis documental son los procedimientos complementarios en el análisis de los casos.

PROCESO DE ANÁLISIS DE LOS DATOS

El análisis de los datos es llevado a cabo a través de la comparación entre los casos de estos con la teoría. Entretanto, la triangulación respeto al precepto de preservar las historias y evidencias en contexto, es decir, las empresas de entrada son analizadas individualmente, para la posterior comparación entre sus diferencias y/o similitudes. La referencia central de análisis destaca que se debe desarrollar un análisis a partir de las informaciones suministradas por el participante.

En base a los datos primarios (entrevistas), los datos secundarios (análisis documental), y en la observación en las empresas (en los locales donde se realizan las entrevistas), los resultados son contrastados con la teoría y entre los casos. El proceso analítico está compuesto por la caracterización de cada organización, del análisis individual de cada una de ellas, y de un análisis comparativo entre los casos.

CARACTERIZACIÓN DE LAS UNIDADES DE ANÁLISIS

Las empresas participantes de este estudio representan diferentes tamaños y segmentos. Se han escogido los cinco diferentes sectores de actividad, con miras a la diversidad contextual. Conforme a la determinación en conjunto de las organizaciones, sus nombres y representantes se han creado de manera ficticia.

Las empresas serán caracterizadas en A, B, C, D y E. los entrevistados serán mencionados por cargo, no por nombre. La empresa A es líder en el segmento de cigarrillos en España, con actuación en toda España y América Latina, en cuánto a B, esta es una gran empresa del sector logístico, de transporte y almacenaje. La empresa C es de tamaño medio, y se dedica sólo en la construcción civil en Madrid, la organización D trabaja a nivel nacional, en el sector de seguros, con el foco centrado en empresas y profesionales de Arquitectura y de Ingeniería. Por último, E es una empresa de venta al por menor en expansión. Abajo, veremos la breve caracterización individual de cada una de las organizaciones.

EMPRESA A: MANUFACTURA

Fundada en Madrid en 1903, trabaja en todas las etapas del proceso productivo de cigarrillos. Controlada por un grupo internacional, además de ser una de las líderes en el segmento en el mundo, es la líder en España y en América Latina. El cigarrillo es un producto considerado de consumo en masa.

En el mercado Español, representa cerca de 60% del mercado tabaquero y es uno de los diez mayores contribuyentes en términos de impuestos al Estado Español. En la cadena productiva, emplea aproximadamente 240 mil colaboradores en diferentes etapas (producción agrícola, fábrica, ventas etc.). La unidad contemplada en la investigación se sitúa en la región metropolitana de Madrid, y produce aproximadamente 45 billones de cigarrillos cada año. La planta productiva visitada es una de las más modernas del sector de España, y cuenta con una serie de certificaciones internacionales de calidad.

EMPRESA B: SERVICIOS LOGÍSTICOS

Es una organización con más de 30 años de actividad, desde 1984 ofreciendo soluciones de logística, transporte y almacenaje. Atiende a toda España, personalizando los servicios conforme el cliente. La filial de Sevilla fue la seleccionada para el estudio. En el sur de España, es una de las mayores y más modernas empresas en su segmento, siendo el Centro de Distribución (CD) de Sevilla uno de los mayores de España.

La empresa tiene grandes áreas de almacenaje y cuenta con aproximadamente 4 mil colaboradores. Tiene 39 unidades operacionales, localizadas en 14 provincias Españolas. Su flota cuenta con más de 640 tipos de vehículos y equipamientos para la logística. El sistema ERP de la organización es entendido como una herramienta totalmente integrada, en tiempo real, y despunta como un diferencial competitivo en el sector logístico. La empresa es sostenida filosóficamente por tres pilares, respectivamente: personas, procesos y tecnología.

EMPRESA C: CONSTRUCCIÓN CIVIL

Empresa familiar, de tamaño medio, fundada en 1974 por dos socios. Trabajan en el sector de la construcción civil, con 10 operarios en el área estratégica, 100 obreros, y también realizan contrataciones con terceros de acuerdo a las necesidades. Ya han concretado la construcción de más de 1500 inmuebles, los cuáles según la comprensión de la empresa deben ser bonitos, prácticos, confortables y espaciosos, además de una calidad elevada. Cuentan con el reconocimiento en el área de actuación.

El foco, además de los elementos mencionados, es trabajar con excelencia en las construcciones, haciendo la entrega de los inmuebles de acuerdo a los plazos establecidos y utilizar las técnicas más modernas disponibles en el ramo de la construcción. La satisfacción de los clientes es mencionada como un aspecto muy relevante en los objetivos de la organización. La principal área de actuación de la organización es la Comunidad de Madrid, en especial la Capital.

Empresa D: Servicio de Seguros

Constituida en 1995, la empresa D tiene como principal negocio la correduría de seguros. Uno de los principales productos vendidos es el "Seguro Garantizado", un tipo de servicio relacionado con el cumplimiento de obligaciones contractuales, por ejemplo, en licitaciones públicas. La migración a un servicio diferente, en la Comunidad de Madrid, cambió el objetivo hacia los seguros relacionados con la protección de fallos técnicos en la ejecución de obras, más orientado a los profesionales de Ingeniería y Arquitectura.

La empresa cuenta con tres socios y sólo cinco operarios, divididos en tres áreas (comercio, finanzas y emisión/registro). La organización se centra en seguros relativos a las profesiones de arquitecto e ingeniero y busca consolidar y ampliar el servicio de seguro.

Empresa E: Venta al Por Menor

Con más de 50 años de actividad, y fundada en octubre de 1964, es una de las líderes en su segmento de actuación. Además de la matriz de Madrid, cuenta con tiendas en toda la región sur, en Andalucía y Murcia. Además de la matriz en Madrid, cuenta con un CD de 35 mil metros cuadrados en la región metropolitana. Durante los años 2002 y 2003, se expandió con plantas en Valencia, Galicia y Cataluña, además de nueva planta en Madrid, en la ciudad de Getafe.

Uno de los segmentos de actuación de la organización, que se especializa en la venta al por menor, es el sector de material tranvía, el cual incorpora tecnologías punta en los procesos. En el segmento de mantenimiento, reparación y operaciones, cuenta con la mayor tienda de América Latina, con 5 mil metros cuadrados, inaugurada el año de 2012 en la ciudad de Sao Paulo.

Tiene hoy un total de 14 tiendas en las Comunidades Sur, Sudeste y Nordeste y cuenta con cuatro CDs localizados en Madrid, Galicia, Andalucía y Cataluña. Emplea más de 2000 colaboradores, 950 sólo en el área comercial. Tiene más de 30 tiendas en el formato de negocio "in Company".

ANÁLISIS INDIVIDUAL DE LAS ORGANIZACIONES ACERCA DE LA UTILIZACIÓN DEL SISTEMA ERP

A pesar de las diferencias entre los negocios, y en la utilización de la tecnología realizada para cada una, el punto analítico en común es que las cinco empresas estudiadas utilizan sistema ERP. En base al guion de entrevistas generado a partir de la teoría, las perspectivas de cada empresa en relación al ERP fueron recogidas. Además de las cuestiones del guion semiestructurado, al final de las entrevistas, los participantes fueron invitados a suministrar informaciones complementarias acerca del sistema. En este capítulo del estudio, cada empresa es analizada de manera individual.

ANÁLISIS DEL ERP EN LA EMPRESA A: MANUFACTURA

En la empresa A, la entrevista fue realizada con un Analista de Mantenimiento. En base a las historias del entrevistado, la estructura y la cultura organizacional están direccionadas hacia la innovación, fundamentadas en valores organizacionales. La estructura de la organización es departamental, en virtud de las diferencias en los procesos. El ERP fue implantado en 1995, con el objetivo de integrar los procesos de la empresa y los departamentos (unificación).

En el proceso de implantación del sistema, hubo formación, a través de la selección de facilitadores y multiplicadores, en función de la formación se realizarán en otro local. Existen formaciones constantes y, cada intercambio de cargo, a través de promociones, el colaborador es formado para la nueva función (en relación al uso del sistema ERP). Actualmente, las formaciones de cualificación se realizan en Madrid, pero la proveedora del sistema tendrá la capacidad de formar a un breve número de trabajadores en una planta instalada Barcelona, en el municipio de Tarragona.

El software adoptado en la Empresa A fue comprado y puede ser modificado por la propia empresa. La organización tiene un sector propio referente las modificaciones, cambios y personalización del ERP. El sistema integra las plantas de España y América Latina, con un servidor situado en España. El ERP adoptado es compatible con otros softwares e interactúa con sistema logístico acoplado.

Para A, el uso del ERP es estratégico, ya que suministra las entradas para la toma de decisiones. Cuando los informes son muy relevantes, se acostumbran a imprimir y se muestran en las reuniones. Las informaciones financieras y contables son entendidas como adecuadas, gracias al uso del sistema. Otra funcionalidad de primer orden es el control de stocks, así como las órdenes de compras, que están programadas en el sistema, lo que reduce la intervención humana y permite contratar más personas en otras actividades. El control de las entregas y necesidades de la empresa también es destacado por el participante. Ponderando entre los puntos positivos y negativos, el entrevistado fue conciso. Como punto positivo, o ventajas del ERP, destacó el flujo constante de informaciones como una ventaja competitiva, que sucede de manera completa y en tiempo real. El punto apuntado como negativo es la total dependencia de la organización al sistema, ya que si se producen paradas muy significativas en la aplicación pueden representar una parada en la línea de producción.

ANÁLISIS DEL ERP EN LA EMPRESA B: SERVICIOS LOGÍSTICOS

En la empresa B, fueron entrevistados dos colaboradores, uno del sector de TI y otro del financiero. El colaborador de TI ya tiene mucha experiencia en la organización, mientras que el del sector financiero es nuevo en la función ya que ha sido transferido del sector de suministros y compras. Las entrevistas fueron analizadas en conjunto, contemplando a ambos colaboradores. En relación al aspecto cultural de la organización, la caracterización de funcionamiento es el de una empresa que trabaja por procesos, aunque formalmente existan departamentos. El ERP está siendo utilizado desde el inicio de la actividad, como parte de la estrategia de mercado. El objetivo es el control y la seguridad de las informaciones, además de su disponibilidad en tiempo real. En términos de formaciones, la organización no las practica regularmente y las informaciones y la ayuda provienen de los compañeros de sector.

A pesar del comienzo con un sistema ERP contratado, el software actual es desarrollado por la empresa. El factor justificativo para el cambio de un sistema comprado por otro propio es el alto coste al que se enfrenta la empresa por las ampliaciones y modificaciones en el software contratado. Con el ERP propio, las modificaciones son llevadas a cabos con rapidez, lo que proporciona una mayor agilidad de respuesta a los clientes. En la perspectiva del colaborador del área de TI, el sistema propio presenta ventajas, como la resolución inmediata de problemas pero en el entorno interno. A pesar de viable, la organización B no trabaja con otros sistemas integrados al ERP. El ERP es entendido como estratégico, en especial en las tomas de decisión y en los procesos de control (controladora de la empresa).

Se utilizan muchas informaciones financieras a través del sistema, siendo los informes, en algunos casos, visualizados en el propio sistema y, otras veces, siendo impresos. Los contratos también son gestionados vía ERP, lo que permite identificar derechos, cobertura de servicio y muchos elementos de interés de los clientes, como los precios. Como ventajas del ERP, los entrevistados mencionaron la integración de las informaciones en sistema único, facilidad de utilización y la ayuda en los procesos organizacionales, lo que destacan es la representación de la realidad de la empresa. La seguridad fue otro criterio identificado como positivo. En términos negativos, ambos entrevistados no supieron informar y no consideran que existan.

ANÁLISIS DEL ERP EN LA EMPRESA C: CONSTRUCCIÓN CIVIL

En la empresa C, el colaborador de la entrevista fue el gerente general de la empresa. En la comprensión de lo entrevistado, la empresa está dividida en procesos, pero con áreas bien definidas. Los motivos que llevaron al uso del ERP surgieron en virtud del crecimiento del negocio, por la necesidad de mejor control de las actividades, reducción de costes e integración procesal.

El sistema ERP fue implantado en 2008 y no hube formación. La implantación del ERP fue recibida con alto índice de resistencia, el cual perdura hasta el momento de esa investigación. Los operarios que nunca trabajaron con un sistema similar tienden a ser más resistentes al cambio. Se identificó, en esa etapa del análisis, que la falta de formación es una barrera en la organización C.

En relación al tipo de aplicación, el ERP fue comprado, porque, en la comprensión de los tomadores de la decisión, el desarrollo de ese tipo de herramienta tardaría demasiado. Ajustar los módulos ya existentes fue entendido como lo más adecuado y efectivo que crear todo un sistema, lo que para el colaborador representó como algo adecuado a las necesidades de la organización. En relación al negocio de la empresa, no consideran relevante los sistemas en paralelo al ERP y, por eso, estos no existen. El principal atributo destacado es el soporte financiero del sistema.

La toma de decisiones y visibilidad de escenarios para establecer la estrategia también fueron temas mencionados por el entrevistado. Los informes pueden ser impresos. A pesar de que las herramientas financieras sean relevantes, el entrevistado menciona que el flujo de caja que se usa en el ERP es sólo para fines de presentaciones empresariales y conferencias con clientes. Los operarios consideran el módulo complicado para esa función y desarrollan la operación de forma manual. Después, el sistema se utiliza sólo para fines de presentación y registro de las informaciones. Las compras tampoco son gestionadas por el sistema y sólo son lanzadas tras ser efectuadas. La política de compras de la empresa es de comprar sólo cuando es necesario. Por fin, destaca el colaborador como ventajas del ERP la integración entre todas las áreas, la comodidad de uso y la reducción de tiempo en los procesos. Como aspecto negativo, el colaborador destaca el cambio cultural y la resistencia de parte de los colaboradores de la empresa. En el primer análisis, la falta de formación es uno de los problemas a los que la organización C se enfrenta en el uso del ERP.

ANÁLISIS DEL ERP EN LA EMPRESA D: SERVICIO DE SEGUROS

La entrevista en la empresa D fue realizada con uno de los tres socios de la empresa. Esa organización está estructurada por departamentos, que son respectivamente el departamento comercial, financiero y de emisión, y también por procesos. Los procesos son divididos por sector con el objetivo de ampliar los resultados. En virtud del aumento de las actividades de la empresa, el ERP fue instalado en 2011, teniendo como principal objetivo mejorar el control de las informaciones del negocio.

Para el colaborador, el sistema es de fácil utilización, y las formaciones se realizan para cada nuevo colaborador. El ERP fue comprado, y los gestores entienden que es una adquisición ventajosa, porque las personalizaciones y actualizaciones son suministradas con calidad por el desarrollador de la herramienta.

El propio ERP atiende a todas las necesidades de D, lo que hace que no sea necesario utilizar sistemas complementarios o auxiliares. En el panorama estratégico el ERP es utilizado en la toma de decisiones, ya suministra con detalle todas las operaciones del negocio, en tiempo real. Los informes son usados en pantalla e impresos.

A pesar de contar con módulos financieros, las operaciones se realizan fuera del sistema y después son guardadas en la plataforma. Para el entrevistado, el guardado de datos realizado por los operarios es fidedigno, lo que garantiza la confiabilidad del sistema. Como ventajas, el colaborador dice que el ERP organiza la empresa como un todo y viabiliza el acceso simplificado para las informaciones con precisión, además de favorecer los procesos de toma de decisión. No fueron citados los problemas o desventajas en el uso del ERP, lo que no quiere decir que no existan.

ANÁLISIS DEL ERP EN LA EMPRESA E: VENTA AL POR MENOR

En la empresa E, la entrevistada pertenece al sector de logística. En la perspectiva del colaborador, la empresa se organiza por procesos, teniendo departamentos bien definidos. Como el grupo cuenta con siete empresas, el sistema ERP fue implantado en 2004, teniendo como objetivo facilitar el proceso de gestión de esas unidades. La implantación sucedió en fases, de empresa en empresa, a través de la sistemática del establecimiento de módulos. Hubo preocupación con los cambios culturales, y las formaciones fueron desarrollando conforme se iba estableciendo cada módulo. En función de las actualizaciones constantes en el sistema ERP de la organización, para la mejoría de procesos, las formaciones también se realizan de manera constante. El ERP de E fue comprado, con acuerdo a que ajustes y eventuales modificaciones tenían que ser atendidas en plazo máximo de 48 horas por el proveedor del software.

El sistema ERP solo no atiende a todas las necesidades de la organización, y en las tiendas existe aplicación específica para las ventas, lo que se realiza en paralelo, en la condición de sistema auxiliar. Al final de cada día, las informaciones se envían hacia el ERP y, por eso, las informaciones no están completamente disponibles en tiempo real. En la creencia de que los datos del sistema son precisos y seguros, el colaborador cita el ERP como herramienta estratégica en la toma de decisión. Hasta el momento del estudio, la organización del entrevistado, nunca hubo problemas de informaciones. La inter-relación entre los procesos también se destacó en la respuesta. Ni todos los informes del ERP pueden ser impresos, y algunos pueden sólo ser visualizados en la pantalla por los usuarios. Las aplicaciones financieras y de suministros se realizan vía el sistema.

Finalizando la entrevista, como ventajas del ERP, el colaborador menciona la facilidad en la gestión, en especial en los cargos relacionados con la gerencia, y la toma de decisión soportada por la información obtenida de manera rápida y ágil. Como aspecto negativo, el entrevistado destaca los trabajos en el área operacional, que en su entendimiento, se enfrenta la mayor parte de las empresas.

RELACIÓN ANALÍTICA ENTRE LAS EMPRESAS ESTUDIADAS

En la consolidación entre las cinco empresas, las respuestas están analíticamente dispuestas en el cuadro 1, el cual contempla las semejanzas y diferencias entre el uso del ERP y de las estructuras y prácticas de las organizaciones. En la cuestión inicial, son tratados los elementos importantes para la adopción de un ERP. El foco está en innovaciones y en los valores y, así como en D, la estructuración es departamental. Los procesos en D son definidos por sectores. Las organizaciones B, C y E están orientadas por procesos. La situación de B está más en el centro de las opciones, porque a pesar de estar orientada por procesos, es departamental en términos formales.

Las empresas D y E trabajan con sistemas ERP relativamente recientes, implantados por motivos diferentes. La primera, para mejorar el control de las informaciones en función del volumen, y la segunda para gestionar de manera más adecuada la relación entre las empresas del grupo. Con periodos moderados de tiempo en el uso del ERP, las empresas A y C también presentan justificaciones. Para A, se refiere al proceso de integración de los procesos de la empresa, mientras que para C, además de la integración, el control de las actividades y la reducción de costes son el objetivo principal. Con casi 20 años de uso, la empresa B es la más experta en el uso de sistemas ERP, con adhesión desde el comienzo de las actividades. Además de control, el ERP viabiliza las informaciones con precisión y en tiempo real.

Observando la situación de C, acerca de la resistencia al uso del ERP, queda de manifiesto la relevancia de la formación para el éxito en el uso de la aplicación. Al contrario, en la empresa D, las formaciones se realizan hasta hoy, y son suministradas para cada colaborador. En término medio, A adopta la política de facilitadores, lo que representa una alternativa adecuada cuando el acceso al formación incurre en costes elevados. La propia retransmisión del conocimiento implica en el comprometimiento de los colaboradores con el papel de diseminación del conocimiento.

La implantación es la etapa más compleja en el uso del ERP. En E, el proceso fue realizado en etapas, o fases, a través de la opción por módulos. En cuanto al aspecto decisorio de desarrollar o comprar un ERP, las situaciones varían. En A, a pesar de ser comprado, la propia organización realiza las personalizaciones a través de su propio equipo de operarios. Cada situación implica en cómo fue realizada la compraventa, es decir, en los términos establecidos en los casos en los que el ERP fue comprado. Por ejemplo, C compró el sistema para poder ser más viable en costes y beneficios, con la diferencia de depender del proveedor de software para la realización de las modificaciones en la aplicación.

La empresa D adoptó la misma estrategia que C, y las modificaciones en el sistema deben ser requeridas al fabricante. El contrato de compraventa del software realizado por E implica también la dependencia con el fabricante, sin embargo, el contrato determina que el soporte debe ser suministrado en un máximo de 48 horas, lo que reduce la dependencia en la empresa contratada para el ERP. Sólo la organización B desarrolló su propio ERP para poder controlar la totalidad de la aplicación.

Dos empresas, A y E, cuentan con aplicaciones auxiliares al ERP.

Para las demás organizaciones, el sistema ERP es suficiente para gestionar las operaciones de negocios. Para todas las organizaciones analizadas, el uso del ERP es, por encima de todo, una aplicación de carácter estratégico, con vistas al proceso de la toma de decisiones y una herramienta de gestión más que operacional.

Una característica que marca el uso del sistema ERP es la viabilidad de la información en tiempo real. En ese requisito, sólo la empresa E no está utilizando plenamente esa importante posibilidad para la toma de decisión.

Con relación a la confiabilidad del sistema y de las informaciones contenidas en el sistema, para todas las organizaciones, la respuesta es positiva en términos de calidad. A pesar de que las operaciones puedan ser adecuadas para desarrollar el propio ERP, algunas empresas optan por la realización externa de actividades (especialmente financieras) para el posterior guardado en el sistema. Las causas fueron identificadas, en la mayor parte, en función por la falta de conocimiento en el área.

	EMPRESA				
	A	B	C	D	E
Organización por Departamentos.	X			X	
Organización por Procesos.		X	X		X
Año inicial anterior a la segunda mitad de la década de 1990.		X			
Año inicial después de la segunda mitad de la década de 1990.	X		X	X	X
Implementación con formación	X	X		X	X
Implementación sin formación			X		
Hay formaciones después de la implantación del ERP.	X	X		X	X
No tienen formación después de la implementación del ERP.			X		
So ware desarrollado por la empresa.		X			
Software comprado.	X		X	X	X
Relación Coste X Beneficio favorable	X	X		X	X
Relación Coste X Beneficio desfavorable			X		
El ERP cumple con las necesidades de la empresa		X	X	X	
El ERP no cumple con las necesidades de la empresa	X				X
Utiliza sistemas auxiliares.	X				X
No utiliza sistemas auxiliares.		X	X	X	
Utiliza sistemas complementarios.					
No utiliza sistemas complementarios.	X	X	X	X	X
Utiliza el sistema como parte estratégica en la tomada de decisiones	X	X	X	X	X
No utiliza el ERP como parte estratégica en la tomada de decisiones					
La información sucede en tiempo real	X	X	X	X	
La información no sucede en tiempo real					X
Los procesos están interligados.	X	X	X	X	
Los procesos no están interligados.					X
Informes impresos	X	X	X	X	
Informes no impresos					X
Informes con informaciones seguras/confiables	X	X	X	X	X
Informes con informaciones no seguridas/confiables					

Cuadro 1: Semejanzas y diferencias acerca del ERP en las empresas estudiadas.

En cuanto a las ventajas en el uso del ERP, los colaboradores destacan el flujo ininterrumpido de las informaciones, la disponibilidad en tiempo real y la integración entre las áreas. La seguridad es otro de los aspectos favorables, además de la comodidad y de la reducción de los tiempos para las tareas.

La toma de decisión también se ve favorecida, tanto en calidad como en agilidad (en función de las informaciones completas en tiempo real). Las desventajas o problemas existen, como por ejemplo, en función de la dependencia de toda empresa al funcionamiento del ERP. Otro aspecto complejo es la resistencia al cambio, que implica profundas modificaciones en la cultura y en los procesos internos de la empresa, además de los eventuales retrabajos y/o duplicaciones.

CONSIDERACIONES FINALES

En base al análisis desarrollado entre los casos, a través de las evidencias informadas por los colaboradores, la observación y el análisis documental, a pesar de que muchos puntos convergentes con la teoría, también fueron identificadas diferencias. A pesar de que el ERP es entendido como un sistema para empresas que trabajan por procesos, dos de las cinco empresas adaptaron sus procedimientos sin abandonar la estructuración departamental.

En relación a la formación, así como dice la literatura, su ausencia de esta deriva en problemas. La única empresa que no realizó, al menos, las formaciones de implantación son aquellas que más problemas culturales y de adaptación del personal se enfrentan. La resistencia de los operarios es alta cuando falta la formación.

El ERP puede ser adoptado de dos maneras, desarrollado o comprado, lo que en el estudio queda claro que son alternativas viables, dependiendo del objetivo organizacional. No es posible calcular cuál será la mejor alternativa, sin embargo, la negociación de compraventa puede representar un diferencial relevante para el futuro de la aplicación. Ni siempre es requerido el software auxiliar, sin embargo, cuando son usados es importante enfocar el mantenimiento hacia la integración entre el ERP y el otro sistema, para evitar perder el factor tiempo real. La toma de decisión es el proceso más relevante basado en el ERP y, por eso, completar las informaciones correctamente y en el tiempo adecuado puede ser la diferencia en la calidad de las decisiones y estrategias adoptadas por la organización.

Como toda aplicación TI, un ERP tiene ventajas y desventajas.

Como principales factores positivos, la integración entre sectores, la perspectiva del todo como un uno, además del esencial flujo de las informaciones que están disponibles en tiempo real. Los principales problemas a los que nos hemos enfrentado son relativos a la dependencia de la organización al sistema, y también a los casos donde fracasan los contratos o los modelos de utilización del ERP. Negociaciones y formaciones adecuadas pueden crear la diferencia real entre el éxito y el fracaso en el uso de los sistemas integrados de gestión.

CALIDAD DE SOFTWARE

La calidad de software, los últimos años, dejó de ser únicamente un factor de ventaja competitiva, pasando a ser el punto central del éxito, e incluso de supervivencia de las organizaciones, ya que el mercado es cada vez más exigente. Sin embargo, para mantener la calidad del software, es necesaria la utilización de herramientas, estándares y normas que atiendan a las necesidades de los clientes.

Para Koscianski (2007, p.45), las normas y estándares definen criterios, contratos y negociaciones, que permiten a los consumidores encontrar la compatibilidad entre tecnología y productos. Sin embargo, la preocupación con la calidad en el mundo de los consumidores viene siendo cada vez mayor. Muchas organizaciones están cada vez más en búsqueda de mejorar sus productos.

La calidad de software es esencial para el éxito y supervivencia del producto en el mercado, sin embargo esta difícil de definir, ya que esta es dependiente de la visión del usuario. A pesar de eso, la búsqueda por la calidad debe ser siempre un punto fundamental en todo el proceso de desarrollo de la aplicación de software. Para una mayor comprensión sobre el término calidad de software, a continuación, será abordada la visión de algunos autores.

Para Sommerville (2003, p. 175): La calidad de software es un concepto complejo que envuelve otros aspectos, muchas veces no son fácilmente perceptibles, siendo así, una gran dificultad el poder hacer una especificación de software con exactamente todas las características del producto que el cliente desea y por eso aunque un producto de software pueda atender a su especificación, los usuarios pueden no considerarlo un producto de alta calidad.

Aun así, la calidad de software es definida por el IEEE (1994) como "el grado con el que un sistema, componente o proceso atiende a los requisitos especificados y a las expectativas o necesidades de los clientes o usuarios".

La Norma ISO 9126 define la Calidad de Software como: "La totalidad de características de un producto de software que le otorga la capacidad de satisfacer las necesidades explícitas e implícitas".

Por lo tanto, para garantizar la calidad de software, el producto debe estar en conformidad con los requisitos de los clientes, es decir, atendiendo sus necesidades.

SISTEMAS ERP x CALIDAD

De acuerdo con la Computerworld (2014), hoy día en el mercado, 8,6% de la facturación líquida en tecnología se invierte en sistemas de gestión empresarial ERP, siendo SAP y Oracle los principales proveedores.

A pesar de ese crecimiento, para mantenerse en el mercado "muchas empresas españolas y mundiales están adoptando la Calidad de Software como base de sustentación en el proceso de desarrollo de software".

Sin embargo, para evaluar la calidad en el proceso de desarrollo de software, es necesario utilizar técnicas y modelos que tengan cierta madurez.

De entre los diferentes modelos, este capítulo se coge como ejemplo el CMMI (Capability Maturity Model Integration), que es un modelo de referencia mundial, publicada por el SEI (Software Engineering Institute), de la Carnegie Mellon University, para ayudar a las organizaciones en la mejora de sus procesos de desarrollo y mantenimiento de productos y servicios.

- En el CMMI existen cuatro disciplinas, que pueden ser implementadas conforme a la organización. De acuerdo con Koscianski (2007):

- Ingeniería de sistemas: es cuando los ingenieros de sistemas proponen productos y soluciones por medio de análisis, proyecto, validación, prueba, implementación, entrenamiento y soporte.

- Ingeniería de software: tiene como objetivo la producción de software disciplinar, es decir, procesos técnicos de desarrollo y gestión de proyectos, herramientas, métodos y teorías que dan soporte a su producción.

- Desarrollo de proceso y producto integrado: utiliza la colaboración de los envueltos en los proyectos para satisfacer mejor las necesidades de los clientes.

- Contratos de proveedores: utiliza la colaboración de los envueltos en los proyectos para realizar las debidas modificaciones.

Cada una de esas disciplinas puede ser implementada de acuerdo con la organización y tienen dos representaciones, conforme tabla I.

Niveles	Continuo	Estado
0	Incompleto	
1	Realizado	Inicial
2	Gestionado	Gestionado
3	Definido	Definido
4	Gestionado Cuantitativamente	Cuantitativamente Definido
5	Optimizado	Optimizado

Tabla I. Representación por fase y continua.

Fuente: Adaptado en Base al CMMI

La representación por fase utiliza niveles de madurez para medir la mejora de capacidad de la organización, y la representación continua tiene el objetivo de medir la mejora de procesos. Pero, la diferencia es la forma de cómo estas son aplicadas. Los niveles de madurez sugieren una secuencia para la mejora, pero permiten alguna flexibilidad en relación a la orden en que las áreas son abordadas.

INVESTIGACIONES EN LAS EMPRESAS

Para la investigación descriptiva, se realizó un estudio con cinco empresas de pequeño y medio tamaño que trabajan en el área de consultoría y desarrollo de sistemas integrados de gestión empresarial y que están en proceso de implantación o que no tienen certificación CMMI.

Los contactos fueron realizados a través de email y teléfono y solamente tres empresas están de acuerdo en responder a un cuestionario para ser elaborado, conteniendo 25 cuestiones sobre cuál es el camino adoptado por la empresa para llegar a la certificación en el nivel tres del modelo de madurez, estando esas empresas en DNI2, Nueva Soluciones y CIGAM.

La DNI2 está en el mercado desde 1994, trabajando en fábricas de software y consultorías, suministrando sistemas específicos o sistemas de gestión empresariales para los mercados industriales, comerciales y servicios. La DNI2 tiene un libro escrito por el director de la empresa Roberto Giuzio Jr. y Simone Canuto Implementando ERP y también estará la disposición para responder el cuestionario sobre el tema abordado. Sin embargo, es una empresa que no posee certificación, pero utiliza otros métodos para mantener la calidad de los sistemas. La Nueva Soluciones es una empresa que inició su actividad en 1990 con la implantación de sistemas ERP. Posee personas con diferentes certificaciones, pero no posee la certificación CMMI. Se pusieron a disposición para responder al cuestionario mencionado.

En 1986, la CIGAM inició el desarrollo de la primera versión del sistema de gestión empresarial, y en 2008 inició su proceso de certificación CMMI. De acuerdo con Cesar Bauer, coordinador del comité de gestión y calidad, en 2015, la empresa se someterá a la certificación CMMI, sin embargo, aún existen áreas que necesitan ser mejoradas.

CONSIDERACIONES FINALES

Como se trata de un trabajo en marcha, hasta el presente momento no es posible verificar los incontables puntos de vista que están siendo incluidas en el mundo de las organizaciones, como la utilización de sistemas, que son capaces de atender a la necesidades de información de diversos departamentos y procesos de negocios de las empresas, para proporcionar una mayor eficiencia empresarial.

También, hay que destacar la tendencia mundial en cuanto al crecimiento de las expectativas en relación a la calidad. En este sentido, las empresas proveedoras de aplicaciones ERP también deben asegurar que sus procesos de desarrollo atiendan a las expectativas del mercado en relación a la calidad, adoptando modelos que contribuyan con el cumplimiento de los plazos, sigan el presupuesto y que sean coherentes con las necesidades de los clientes.

Se pretende a partir de eso, obtener informaciones de como las organizaciones desarrolladoras de sistemas ERP implementan el modelo de referencia CMMI, y que prácticas son aplicadas para alcanzar el nivel tres de madurez.

CALIDAD EN EL DESARROLLO DE SISTEMAS ERP

Con la globalización, el clima de competencia entre las empresas mundiales quedó muy tenso. Por ese motivo, las empresas, para mantenerse al frente de sus competidores, descubrieron en la tecnología de información un brazo muy fuerte para garantizar la ventaja competitiva. Delante de esta realidad, los sistemas de información fueron desarrollados con el objetivo de ayudar en la gestión de los negocios de las empresas, para controlar sus diversos procesos de tal forma que puedan optimizarlos para obtener mejores resultados.

Los sistemas ERP aparecen como una alternativa para ayudar en la gestión de los negocios. Con el propósito de estandarizar y centralizar los procesos empresariales, la decisión de utilizar esta tecnología debe ser tomada después de un detallado análisis sobre las condiciones e impactos de su implantación en la organización.

Este capítulo tiene como objetivo presentar los principales factores considerados críticos para el éxito de una implantación de este tipo de aplicación.

SISTEMAS DE INFORMACIÓN

Un Sistema de Información (SI), independientemente de su tamaño, tiene como objetivo auxiliar los procesos de una organización.

De acuerdo con Barbará (2006), el proceso puede ser definido como un conjunto de acciones ordenadas e integradas para un fin productivo especifico, al final del cual serán generados productos y/o servicios y/o informaciones. De esa forma, un proceso puede ser interpretado como un conjunto de actividades coordinadas envolviendo generalmente personas, procedimientos, recursos y tecnología, con la intención de realizar una tarea.

Conforme Rezende (2005), todo sistema, usando o no recursos de tecnología de la información y que custodia los datos generados, puede ser genéricamente considerados un Sistema de Información.

La utilización de ese tipo de sistema, en sus diversos niveles organizacionales, favorece la información como un diferencial estratégico en la toma de decisiones.

Además de eso, con la constante necesidad de cambio de informaciones e integración entre los procesos de negocio, las organizaciones encuentran en los sistemas de información la posibilidad de alinear la Tecnología de la Información con las estrategias empresariales.

ÉXITO EN LA IMPLANTACIÓN DE UN ERP

Según Padilha y Marins (2005), estos sistemas controlan y suministran soporte a los procesos operacionales, productivos, administrativos y comerciales de una empresa. Todas las transacciones realizadas por la empresa deben ser registradas en una base de datos centralizada, para que las consultas extraídas del sistema puedan reflejar al máximo posible la realidad.

El ERP puede ser definido como un sistema de información, orientado a procesos, enfocado en centralizar y estandarizar los datos e informaciones de la empresa. Además de eso, debido a su cobertura de actuación, el ERP puede ser utilizado por varias áreas de la organización, integrando los procesos en un único sistema.

ESTRUCTURA CONCEPTUAL DEL ERP

El concepto general del ERP conocido hoy en día viene a partir de la década de los 90, sin embargo fue el resultado de la evolución de sistemas creados años antes llamados de MRP (Materials Requirement Planning) y MRP II (Manufacturing Resources Planning).

La estructura conceptual del ERP conforme su evolución puede ser visualizada en la Figura 1.

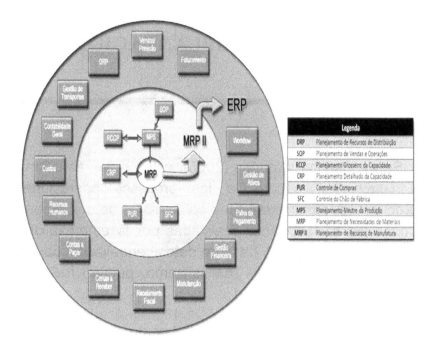

Figura 1 - Estructura Conceptual del ERP

Adaptado por: Corrêa (1999) apud Padilha y Marins (2005).

FUNCIONALIDADES Y CARACTERÍSTICAS DEL ERP

El ERP está caracterizado por ser un sistema único, que atiende diversos procesos operacionales. En la Figura 2, se presentan las principales funcionalidades atendidas en un ERP, separadas conforme a las funciones externas (front-office) y a las funciones internas (back- office). Además de estas, algunos sistemas poseen módulos adicionales y personalizables.

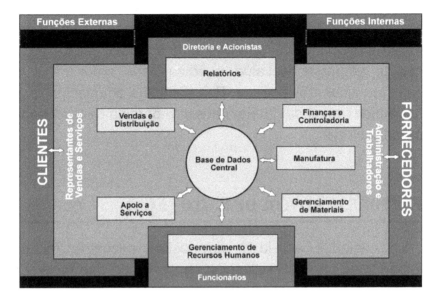

Figura 2 - Funcionalidades de los sistemas ERP

Adaptado de: Davenport (1998).

La característica central del ERP es la estandarización de un sistema de información. Eso sucede a través de la utilización de una base de datos común y centralizada, que mejora la calidad y la consistencia de los datos, promueve la agilidad en los procesos, trae mejoras en los resultados, además de mejoras en los informes emitidos por el sistema.

Al analizar las características de un sistema ERP por los diferentes autores, se perciben diferencias en la cobertura y en la profundidad de la comprensión de cada uno sobre el tema. En general, la comprensión en relación al ERP comprende desde un conjunto de programas de ordenador, hasta un sistema de información de gestión con la intención de ayudar en las decisiones estratégicas de la empresa.

Por ser un sistema complejo, envolviendo las más diversas áreas de la organización, la simple adopción de un sistema ERP no garantiza el retorno esperado. En la gran mayoría de los casos, además de la adopción, es necesario que la empresa reevalúe y adapte sus procesos a las características del sistema. Esa compleja adaptación, si no fuera bien trabajada, puede causar la pérdida de la identidad organizacional.

FACTORES CRÍTICOS DE ÉXITO (FCS)

En cualquier actividad, es posible encontrar factores importantes para la realización con éxito de una meta. Los factores críticos de éxito pueden ser vistos como cuestiones importantes en el contexto en el que son aplicados. A través del conocimiento de estos factores, se asegura una implementación segura y eficiente. Cuando se identifica un factor crítico, es posible la elaboración de un plan estratégico, fijando planes anticipados para garantizar el éxito de los procesos envueltos. Oakland (1994) también sugiere la clasificación de los impactos de esos factores identificados para el cumplimiento del objetivo del proyecto.

RESULTADOS PRELIMINARES

Cada FCS trabaja en un determinado momento de la implantación de un ERP. Para utilizarlos adecuadamente es necesario, antes, entender el ciclo de vida de ese tipo de aplicativo.

CICLO DE VIDA

Como cualquier sistema, el ERP posee un ciclo de vida, sin embargo tiene sus propias características.

El ciclo de vida de un sistema de información difiere del ciclo de desarrollo de un software, por tratarse de un sistema desarrollado por terceros, teniendo como objetivo atender a un mayor número de empresas de los más variados segmentos conforme a sus características. El ciclo de vida de ERP se puede dividir en cinco etapas, conforme Figura 3. Estas etapas consisten en:

- Parte A - Evaluación sobre la necesidad de ERP: análisis de la situación actual de la empresa e identificación de como el sistema puede agregar valor al core business de la organización.

- Parte B - Selección y adecuación: selección del sistema disponible en el mercado y las adecuaciones necesarias conforme la necesidad de la empresa.

- Parte C - Implantación: planificación de las actividades e implantación de los módulos.

- Parte D - Concienciación y formación: preparación de los miembros de la organización al nuevo sistema y su entrenamiento operacional y de gestión.

- Parte E - Utilización: etapas de uso del sistema e identificación de la necesidad de posibles modificaciones de forma que atienda a las reglas de negocio.

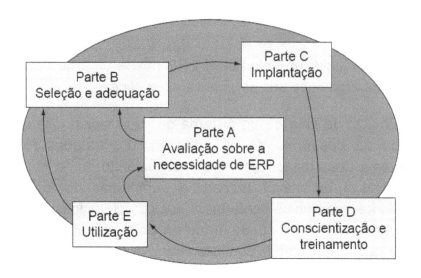

Figura 3 - Ciclo de Vida de ERP

Fuente: Mendes y Escrivão Hijo (2007)

FACTORES CRÍTICOS IDENTIFICADOS

A través de análisis preliminares en materiales teóricos sobre el tema, es posible identificar algunos factores, como describen Rozan et al. (2008); Oliva et al. (2006); Nielsen (2002); Mendes y Escrivão Hijo (2002); Gambôa y Bresciani Hijo (2003); Bentes (2008):

- Análisis y definición de las necesidades de la empresa. Integración entre las áreas de la organización.

- Parametrización de las funcionalidades existentes. Adaptación de los procesos organizacionales.

- Impacto del ERP sobre los recursos humanos y en la cultura organizacional.

- Definición y adquisición de hardware y software adecuados a los objetivos de la organización.

- Capacitación e implicación de los usuarios.

- Definición y gestión del proyecto y equipo responsable por la implantación del sistema.

- Relacionamiento entre Cliente y Proveedor (del software).

- Acompañamiento y evaluación de rendimiento.

Soporte total de la alta dirección de la organización Gestión de las expectativas y comunicación entre los envueltos.

CONSIDERACIONES FINALES

A pesar de este ser un trabajo en marcha, que pretende profundizar los elementos listados en los resultados preliminares, se puede observar que las empresas, a modo general, viven realidades únicas en relación a inversiones, procesos y gobierno corporativo.

Es necesario considerar la importancia de identificar los factores críticos de éxito en la adopción de un sistema integrado de gestión empresarial, de forma a mitigar los riesgos e impactos organizacionales durante su implantación.

Al optar por un ERP, la organización necesita apoyar y considerar que su implantación afecta directamente a la gestión de sus negocios y en general determina cambios amplios y significativos de sus procesos.

REFERENCIA BIBLIOGRÁFICA

Para la realización de este libro se han consultado las siguientes obras, siendo además de recomendable lectura:

- The promise and peril of integrated cost systems, de Cooper, R. y Kaplan, R. S.
- Lo Antes, Durante y Post-implementación de un ERP en una PME, de Costa, José.
- Administración de Sistemas de Información, de O'Brien, James. McGraw Hill.
- SAP: integrated information systems and the implications sea management accountants, Management Accounting, de Scapens, R. W. y Jazayeri, M. y Scapens, J.
- Principios de Sistemas de Información: Un punto de Vista desde la Gestión, de Ralph M. Stair, George Reynolds.
- ERP life-cycle-based reserch, de Esteves J., Pastor J. A.
- Enterprise Resource Planning Systems and Accountants, de Caglio, A.
- ERP systems: la life cycle model. Proceedings of BALAS, de SOUZA C., ZWICKER R.,
- Ciclo de Vida de Sistemas ERP, Cadernos de Investigación en Administración, de SOUZA César; ZWICKER R.
- Modelo de Desarrollo de Architecturas de Sistemas de Información, Tesis de Doutoramiento, de Tomé P. R.
- ERP. La Espina Dorsal de la E-Empresa, de Silva Firmino, Alves A. José.
- Putting the Enterprise into the Enterprise System, de Davenport. T.H.

EDITORIAL

IT Campus Academy es una gran comunidad de profesionales con amplia experiencia en el sector informático, en sus diversos niveles como programación, redes, consultoría, ingeniería informática, consultoría empresarial, marketing online, redes sociales y más temáticas envueltas en las nuevas tecnologías.

En **IT Campus Academy** los diversos profesionales de esta comunidad publicitan los libros que publican en las diversas áreas sobre la tecnología informática.

IT Campus Academy se enorgullece en poder dar a conocer a todos los lectores y estudiantes de informática a nuestros prestigiosos profesionales, como en este caso **Roberto**, experto en Consultoría TIC y Consultor ERP con más de 12 años de experiencia, que mediante sus obras literarias, podrán ayudar a nuestros lectores a mejorar profesionalmente en sus respectivas áreas del ámbito informático.

El Objetivo Principal de **IT Campus Academy** es promover el conocimiento entre los profesionales de las nuevas tecnologías al precio más reducido del mercado.

ACERCA DEL AUTOR

Roberto Núñez Burgos es un consultor freelance con más de 10 años de experiencia en la implantación y consultoría de soluciones ERP para grandes empresas y multinacionales.

Esperamos que este libro le ayude a mejorar personal y profesionalmente y que le ayude a tener una mejor y más amplia visión del mundo del software ERP.

www.ingramcontent.com/pod-product-compliance
Lightning Source LLC
Chambersburg PA
CBHW061018050326
40689CB00012B/2674